新新世纪◎编

藏在古文观止里的

那些事儿

6

晋·文

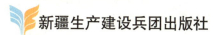新疆生产建设兵团出版社

《古文观止》中的
那些 经典语句

李 密 母孙二人，更相为命，是以区区不能废远。

◎《陈情表》

王羲之 后之视今，亦犹今之视昔，悲夫！

◎《兰亭集序》

陶渊明 云无心以出岫，鸟倦飞而知还。

◎《归去来兮辞》

陶渊明 忽逢桃花林，夹岸数百步，中无杂树，芳草鲜美，
落英缤纷。

◎《桃花源记》

陶渊明　好读书，不求甚解，每有会意，便欣然忘食。

◎《五柳先生传》

王　勃　落霞与孤鹜齐飞，秋水共长天一色。

◎《滕王阁序》

刘禹锡　山不在高，有仙则名；水不在深，有龙则灵。

◎《陋室铭》

杜　牧　奈何取之尽锱铢，用之如泥沙？

◎《阿房宫赋》

目 录

晋文

穷在深山乐逍遥

李密

　　李密，字令伯，一名虔。西晋<ruby>犍为<rt>jiān wéi</rt></ruby>武阳（在今四川彭山东）人。年少时师从著名学者<ruby>谯<rt>qiáo</rt></ruby>周，博览五经，以文学见称于当时。曾任蜀国尚书郎，多次出使吴国，极有辩才。晋灭蜀以后，晋武帝司马炎征他为官，推辞不就。在祖母去世后，他才出仕晋朝，官至汉中太守。后因赋诗得罪晋武帝而被免官，死在家中。

陈情表

　　臣李密上言：臣因为命运坎坷，幼年便遭到不幸。出生刚六个月，慈父就去世了。长到四岁时，舅父强迫母亲改变了守节的志愿，改嫁他人。祖母刘氏，怜悯臣孤苦弱小，于是亲自抚养臣。臣从小多病，九岁时还不能走路，伶仃孤苦，直到长大成人。臣既没有叔伯，也没有兄弟，家门衰微，福分浅<ruby>薄<rt>bó</rt></ruby>，到很晚才有儿子；在外没有近支亲戚可以依靠，在内没有家童奴仆可以照看门户。臣孤零零地立身在人世，只有自己的影子作为伴侣；而祖母刘氏早就疾病缠身，常常卧床不起。臣在她旁边端汤送药，从来没有停止、离开过。

　　到了如今的圣朝，臣受着清明政治教化的熏陶。先是太守逵，察举臣为孝廉；后是刺史荣，推举臣为秀才。臣因为祖母

无人供养，因此都推辞而没有受命。陛下特地下达诏书，任命臣为郎中，不久又承蒙国家恩典，授予臣太子洗(xiǎn)马的职位。凭臣这样微贱的人，担当侍奉太子的官职，这种恩德不是臣肝脑涂地就能报答的。臣曾将自己的处境上表陈述过，辞谢不去就职。如今诏书又下，急切严厉，责备臣有意回避拖延；郡县上的官员前来逼迫臣，催臣动身上路；州官来到臣的家里催促，比星火还急。臣想要奉诏赶去赴任，但祖母的病情一天比一天严重；臣想要苟且迁就私情，但申诉又得不到准许。臣的进退处境，实在是狼狈啊。

臣想到圣朝以孝道治理天下，所有在世的遗老，尚且蒙受怜恤(xù)抚养，何况臣的孤苦无依，又尤为特别；而且臣年轻时曾在伪朝任职，做过尚书郎等职位，臣本来就想仕途获得显达，并不在乎什么名节。如今，臣是亡国贱俘，是最卑微最鄙陋的，却蒙受主上的破格提拔，恩惠的任命条件又十分优厚，臣哪里还敢徘徊不前，有非分的要求呢？只因为祖母已是日薄西山，气息奄(yǎn)奄，生命垂危，朝不保夕。臣没有祖母，就不能活到今日；祖母没有臣，就无法度完余年。我们祖孙二人，相依为命，所以臣小小的心愿只是不废弃对祖母的奉养，不离开她去远方做官。臣李密今年四十四岁，祖母刘氏九十六岁，这样看来，臣今后为陛下尽忠的日子还很长，而报答祖母的日子却很短了。我怀着乌鸦反哺的心情，乞求陛下让臣为祖母养老送终。

　　臣辛酸苦楚的身世，不单为蜀地人士和两州长官所看到和了解，着实是皇天后土所共同见证的。希望陛下怜悯臣的一点愚诚，遂了臣的一点微薄心愿，或许祖母能侥幸平安寿终，臣活着当誓死尽忠，死后变鬼也当结草报德。臣怀着如同犬马对主人一样恐惧的心情，恭恭敬敬地上表奏报陛下。

原文欣赏

臣密言：臣以险衅^①，夙^{sù}遭闵凶^②。生孩六月，慈父见背^③；行年四岁，舅夺母志^④。祖母刘愍^{mǐn⑤}臣孤弱，躬亲抚养。臣少多疾病，九岁不行，零丁孤苦，至于成立。既无叔伯，终鲜兄弟，门衰祚^{zuò}薄，晚有儿息。外无期^{jī}功强^{qiǎng}近之亲，内无应门五尺之僮，茕茕^{qióng⑥}孑立，形影相吊。而刘夙婴^⑦疾病，常在床蓐^⑧。臣侍汤药，未曾废离。

逮奉圣朝，沐浴清化。前太守臣逵察臣孝廉^⑨，后刺史臣荣举臣秀才。臣以供养无主，辞不赴命。诏书特下，拜臣郎中，寻蒙国恩，除臣洗马^⑩。猥^{wěi⑪}以微贱，当侍东宫，非臣陨首所能上报。臣具以表闻，辞不就职。诏书切峻，责臣逋^{bū}慢；郡县逼迫，催臣上道；州司临门，急于星火。臣欲奉诏奔驰，则刘病日笃^{dǔ⑫}；欲苟顺私情，则告诉不许：臣之进退，实为狼狈。

伏惟圣朝以孝治天下，凡在故老，犹蒙矜育^⑬，况臣孤苦，特为尤甚。且臣少仕伪朝，历职郎署^⑭，本图宦达，不矜名节。今臣亡国贱俘，至微至陋，过蒙拔擢^{zhuó⑮}，宠命优渥，岂敢盘桓^⑯，有所希冀。但以刘日薄西山，气息奄奄，人命危浅，朝不虑夕。臣无祖母，无以至今日；祖母无

臣，无以终余年。母、孙二人，更相为命，是以区区不能废远。

臣密今年四十有四，祖母刘今年九十有六，是臣尽节于陛下之日长，报养刘之日短也。乌鸟私情，愿乞终养。臣之辛苦，非独蜀之人士及二州牧伯所见明知，皇天后土实所共鉴。愿陛下矜愍愚诚，听臣微志，庶刘侥幸，保卒余年。臣生当陨首，死当结草。臣不胜犬马怖惧之情，谨拜表以闻。

注释

① 险衅：灾难和祸患。② 夙：早年。闵凶：凶丧。③ 见背：去世。④ 舅夺母志：指李密的舅父强迫其母改嫁。⑤ 愍：怜悯，哀怜。⑥ 茕茕：形容孤单无依靠。⑦ 婴：缠绕。⑧ 蓐：草垫子。⑨ 孝廉：汉代选拔官吏的两种科目。孝，指孝子。廉，指廉洁之士。⑩ 洗马：太子的侍从官。⑪ 猥：辱，谦辞。⑫ 笃：病重。⑬ 矜育：怜恤，抚养。⑭ 郎署：李密曾在蜀汉做过郎中和尚书郎。⑮ 拔擢：提拔。⑯ 盘桓：徘徊犹豫。

思维导图

写作技巧

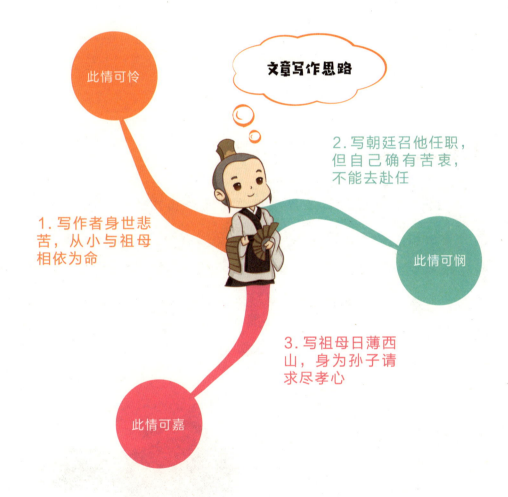

此情可怜

文章写作思路

2.写朝廷召他任职，但自己确有苦衷，不能去赴任

1.写作者身世悲苦，从小与祖母相依为命

此情可悯

3.写祖母日薄西山，身为孙子请求尽孝心

此情可嘉

王羲之

王羲之，字逸少，祖籍琅琊临沂（今山东临沂）人，后迁居会稽（kuài jī）山阴（今浙江绍兴），晚年隐居剡（shàn）县金庭。士族出身，曾任江州刺史、会稽内史、右军将军等职，世称"王右军"，是我国历史上著名的书法家，有"书圣"之称，亦长于诗文。

兰亭集序

永和九年是癸(guǐ)丑年，暮春之初，我们在会稽郡山阴县的兰亭集会，举行禊(xì)饮活动。各路贤者才子都来了，老老少少会聚一堂。这里有崇山峻岭，茂林修竹，又有清澈湍急的溪流辉映环绕在左右，我们就将溪水引来以为曲水流觞(shāng)。大家依次在曲水旁落座，虽然没有丝竹管弦齐奏的盛大场面，但一边饮酒一边赋诗，也足以畅谈倾吐心中的高雅情怀。这一天，天气晴朗，空气清新，和煦(xù)的春风舒缓地吹来，抬起头能看到宇宙的浩浩无垠(yín)，俯下身能细察万物的繁荣旺盛，于是放眼观赏，舒展胸怀，这就足以极尽耳目视听的欢娱，真是非常快乐的事情！

说起人与人的相处，低头与抬头之间，便已过了一世。有的人把自己的心中之事倾吐出来，与朋友在小屋里亲切交谈；有的人则把自己的志趣寄托在外物之上，放任自适，怡然自得。

虽然他们追求的和舍弃的东西千差万别，性格的喜静好动也各不相同，但当遇到让人高兴的事情，暂时地称心如意，就会十分快乐并

且感到自足，有时竟忘记了衰老将要到来。等到厌倦了所追求的东西，感情随着事物的变迁而变化，感慨便自然而然地从心中流出，与事情关联在一起。以往所为之快乐欣喜的事物，转眼间都变成了前尘故迹，对此心中怎能不有所感慨和触动；更何况人一生的长短只是顺从于造化，终究要归于结束呢？古人说："死生也是件大事情啊。"这怎么能不让人痛心呢？

　　每当看到前人所以感慨的缘由，和自己的感想竟然像符契一样相合，总难免要在前人的文章面前叹息感伤，心里还不明白为什么会这样。本来就知道把死生视为等同是虚妄的，把长寿的彭祖与夭折的少年看作一样是荒谬的。后人看待今人，也就像今人看待前人一样啊，这真是令人悲伤啊！我因此记下了到会者的姓名，抄录了他们所作的诗篇，虽然时代不同，世事有别，然而引发感慨的缘由大都相同。后世看到这些诗篇的人，也将会有所感慨吧。

原文欣赏

　　永和九年①，岁在癸丑，暮春之初，会于会稽山阴之兰亭，修禊②事也。群贤毕至，少长咸集。此地有崇山峻岭，茂林修竹，又有清流激湍，映带左右，引以为流觞③曲水，列坐其次。虽无丝竹管弦之盛，一觞一咏，亦足以畅叙幽情。

　　是日也，天朗气清，惠风④和畅。仰观宇宙之大，俯察品类之盛，所以游目骋怀，足以极视听之娱，信可乐也。

　　夫人之相与，俯仰一世。或取诸怀抱，悟言一室之内；或因寄所托，放浪形骸之外。虽趣舍万殊，静躁不同，当其欣于所遇，暂得于己，快然自足，不知老之将至；及其所之既倦，情随事迁，感慨系之矣。向之所欣，俯仰之间，已为陈迹，犹不能不以之兴怀，况修短随化，终期于尽！古人云："死生亦大矣。"岂不痛哉！

　　每览昔人兴感之由，若合一契，未尝不临文嗟悼，不能喻之于怀。固知一死生为虚诞，齐彭殇^{shāng}为妄作⑤。后之视今，亦犹今之视昔，悲夫！故列叙时人，录其所述。虽世殊事异，所以兴怀，其致一也。后之览者，亦将有感于斯文。

注释

①永和九年：公元353年。永和，东晋穆帝年号，345—356年。②修禊：古代春秋两季在水边举行的清除不祥的祭礼。③流觞：修禊时的一种活动，是将酒杯放在曲水之上，任其漂流，漂到谁面前谁就要饮酒。曲水：曲折回环的溪水。④惠风：和风。⑤彭：彭祖，传说中长寿的人，相传他活了八百岁。殇：夭折的人。

写作技巧

1. 描写美景

①描写兰亭周围的景色

②一次盛大的诗酒聚会

借景抒情

2. 抒发感慨

①乐极生悲、旷达洒脱

②人生无常、生命短促

陶渊明

　　陶渊明，一名潜，字元亮，世称"靖节先生"。他是浔阳柴桑（今江西九江西南）人，出身于没落的仕宦家庭，少年时便博学能文，怀有壮志，曾做过江州祭酒、镇军参军、建威参军、彭泽令等小官。由于不愿受官场的拘束，陶渊明在四十一岁那年弃官归田，在农村过着躬耕隐居的生活。他长于诗文辞赋，诗淡雅自然，散文也很像他的诗，感情真挚，语言质朴自然，表现出一种恬淡适性的意趣，寄托着他超脱尘网、返归自然的心志。有《陶渊明集》传世。

归去来兮辞

　　回去了啊！田园将要荒芜，为什么还不回去！既然是自己使心灵为形体所奴役，为什么还要惆怅和独自悲伤呢！醒悟了过去的事情再也不能挽回，也知道未来还可以追求。走入迷途还不算太远，觉察到今天的正确和昨天的错误。船儿摇荡着轻快地向前行驶，清风阵阵袭来，吹动着我的衣襟(jīn)。我向行人询问前面的路程，只恨晨光微弱什么也看不清楚。继而看到了我简陋的房舍，于是满怀喜悦地向前飞奔。家童仆人欢欢喜喜地出来迎接，孩子们则守候在家门。园中的小路快要被荒草掩盖，松树和菊花依然如往日一样生存。我拉着孩子们进入屋内，屋里摆着盛满酒浆的酒樽(zūn)。我拿起酒壶酒樽自斟自饮，看着庭院里的树木，脸上露出了会心的笑。靠着南窗寄托傲岸的情怀，我深知这个狭窄的小屋才能让我感到舒适而安稳。平日里在园

中漫步成为我的乐趣，虽然设有园门却时常关闭。挂着拐杖，累了便自由地休憩，也时不时地抬起头来向远方眺望。白云悠闲自在地飘出了山峦，鸟儿飞累了也知道还巢。黄昏日暮时万物都变得昏暗模糊了起来，我抚摸着孤松而流连徘徊。

回去了啊！让我谢绝与那世俗的交游。世道既然与我心相违，我还四处奔波寻求些什么？我喜爱亲戚间充满情意的话语，也乐于沉浸在琴与书中来排遣忧愁。农人们告诉我春天已然来到人间，将要到西边的田地中去耕种劳作。我有时驾着有帷幕的小车，有时划着小舟。我在幽深曲折中探访山谷，在崎岖艰难中访遍了山丘。树木欣欣向荣地生长，泉水开始涓涓地流淌。我羡慕万物生长正得其时，感叹我的一生行将结束。

算了吧！寄身于天地之间还能有多少时日？为什么不顺着心意来决定去留？为什么还这样心神不定地想要追求些什么？富贵荣华既然不是我心所愿，神仙世界也是无处寻求。趁着这大好时光独自闲游，有时也放下手杖下田除草培苗。登上东边的高冈放声长啸，临着清清的流水悠然赋诗。姑且顺随着自然的变化了此一生吧，乐于听从天命还有什么可怀疑！

原文欣赏

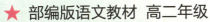

　　归去来兮，田园将芜胡不归？既自以心为形役，奚惆怅而独悲？悟已往之不谏，知来者之可追。实迷途其未远，觉今是而昨非。舟摇摇以轻飏，风飘飘而吹衣。问征夫①以前路，恨晨光之熹微。

　　乃瞻衡宇②，载欣载奔。僮仆欢迎，稚子候门。三径就荒，松菊犹存。携幼入室，有酒盈樽。引壶觞以自酌，眄庭柯以怡颜③。倚南窗以寄傲，审容膝④之易安。园日涉以成趣，门虽设而常关。策扶老以流憩⑤，时矫首⑥而遐观。云无心以出岫⑦，鸟倦飞而知还。景翳翳⑧以将入，抚孤松而盘桓。

　　归去来兮，请息交以绝游。世与我而相违，复驾言兮焉求？悦亲戚之情话，乐琴书以消忧。农人告余以春及，将有事于西畴⑨。或命巾车，或棹⑩孤舟，既窈窕⑪以寻壑，亦崎岖而经丘。木欣欣以向荣，泉涓涓而始流。善万物之得时，感吾生之行休。

已乎矣！寓形宇内复几时？曷不委心^⑫任去留？胡为乎遑遑欲何之？富贵非吾愿，帝乡不可期。怀良辰以孤往，或植杖而耘耔^⑬。登东皋以舒啸，临清流而赋诗。聊乘化^⑭以归尽，乐夫天命复奚疑！

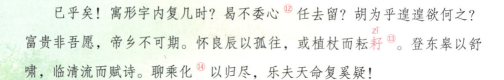

注释

① 征夫：行人。② 衡宇：横木为门的房屋，形容居所简陋。③ 眄：看。庭柯：庭院中的大树。④ 容膝：形容地方狭小，只能容下自己的膝盖。⑤ 策：拄。扶老：指拐杖。流：周游。憩：休息。⑥ 矫首：举首，抬头。⑦ 岫：山峰。⑧ 翳翳：昏暗的样子。⑨ 事：农事。畴：田地。⑩ 棹：用桨划船。⑪ 窈窕：幽深曲折的样子。⑫ 委心：随心。⑬ 耘耔：翻土除草。⑭ 乘化：顺应万物变化的规律。

写作技巧

文章写作思路

1. 首先
- ① 申述"归去来兮"的缘由
- ② 想象归家途中和回到家里的情状
- ③ 从居室之中写到庭园

2. 其次
- ① 以"归去来兮"开头，表示要谢绝交游
- ② 把笔触从居室和庭园延伸到郊原和溪山

3. 再次
- ① 抒发对宇宙和人生的感想
- ② 体现作者的处世哲学和人生结论

桃花源记

　　晋太元年间，武陵有个人，以捕鱼为生。一天，他顺着小溪划船前行，也不知走了多远。忽然遇到一片桃花林，沿着溪流两岸延伸了几百步。桃花林中没有别的树，桃树下芳草茵茵，鲜嫩美丽，桃花的花瓣飘落，扬扬洒洒。渔人感到非常诧异，又往前走，想走到这林子的尽头。

　　桃花林尽处正是这溪水的源头。到了那里就看到一座山，山上有个小洞口，仿佛有些光亮透了出来，渔人便舍了船进入了洞口。刚开始的一段十分狭窄，刚刚能通过一个人。又走了几十步，眼前豁然开朗。土地平坦宽广，房舍整整齐齐，有肥沃的田地、美丽的池塘和桑树竹子之类景物。田间的小路交错相通，鸡鸣狗叫的声音在村落间彼此相应。其中的人们来来往往，耕种劳作。男女的衣着装束，完全和外面的人一样。老人和小孩都安适自在，悠然自得。他们看见了渔人，很是吃惊，问他从哪里来，渔人一五一十地回答了他们。于是就有人邀请渔人到自己家里去，备酒杀鸡做饭菜来款待他。村中的人听说来了这样一个人，都跑来问这问那。他们说祖先为了躲避秦时的祸乱，带领妻子儿女及乡邻来到这与人世隔绝的地方，就再没有出去过了，于是就与外面的人断绝了往来。他们问现在

是什么朝代，竟然不知道有过汉朝，更不要说魏和晋了。渔人就把自己的见闻详尽讲给他们听，他们听罢都感叹不已。其余的人又相继邀请渔人到自己家中，都拿出酒饭来招待他。住了几天，渔人便告辞离去了。走的时候那里的人嘱咐他说："不要把这里的情况向外人说呀！"

渔人出来后，找到他的船，就沿着来路回去，一路上处处留下标记。回到郡里，去拜见太守，报告了这些情况。太守立即派人随他前往，寻找前次做的标记，然而竟迷失了方向，再也没找到那条路。

南阳刘子骥是个志趣高尚的名士，听到这件事，便兴致勃勃地前往寻访，但是没有找到，不久便病死了。从此以后，就再也没有问路访求桃花源的人了。

原文欣赏

晋太元①中，武陵②人捕鱼为业。缘溪行，忘路之远近。忽逢桃花林，夹岸数百步，中无杂树，芳草鲜美，落英缤纷。渔人甚异之，复前行，欲穷其林。

林尽水源，便得一山，山有小口，仿佛若有光。便舍船。从口入。初极狭，才通人。复行数十步，豁然开朗。土地平旷，屋舍俨然③，有良田、美池、桑竹之属。阡陌④交通，鸡犬相闻。其中往来种作，男女衣着，悉如外人。黄发垂髫⑤，并怡然自乐。

见渔人，乃大惊，问所从来。具答之。便要⑥还家，设酒杀鸡作食。村中闻有此人，咸来问讯。自云先世避秦时乱，率妻子邑人⑦来此绝境，不复出焉，遂与外人间隔。问今是何世，乃不知有汉，无论魏晋。此人

——为具言所闻，皆叹惋^{wǎn}。余人各复延至其家，皆出酒食。停数日，辞去。此中人语^{yù}云："不足为外人道也。"

既出，得其船，便扶向路，处处志之。及郡下，诣太守，说如此。太守即遣人随其往，寻向所志，遂迷，不复得路。

南阳刘子骥^⑧，高尚士也，闻之，欣然规^⑨往。未果，寻病终。后遂无问津者。

注释

① 太元：东晋孝武帝年号（376—396）。② 武陵：郡名，治所在今湖南常德。③ 俨然：形容整齐的样子。④ 阡陌：田间的小路。⑤ 黄发垂髫：指老人和小孩。⑥ 要：同"邀"。⑦ 邑人：同乡的人。⑧ 刘子骥：南阳人，当时的隐士。⑨ 规：计划，打算。

思维导图

写作技巧

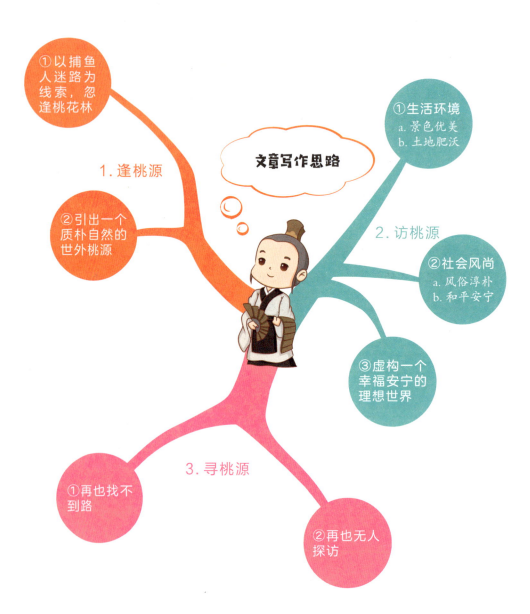

文章写作思路

1. 逢桃源
① 以捕鱼人迷路为线索，忽逢桃花林
② 引出一个质朴自然的世外桃源

2. 访桃源
① 生活环境
　a. 景色优美
　b. 土地肥沃
② 社会风尚
　a. 风俗淳朴
　b. 和平安宁
③ 虚构一个幸福安宁的理想世界

3. 寻桃源
① 再也找不到路
② 再也无人探访

五柳先生传

　　先生不知道是什么地方的人，也不清楚他的姓名和表字。因为他所住的房屋旁边有五棵柳树，就用它做了自己的号。他性格恬淡宁静，沉默少言，不羡慕荣华利禄。喜欢读书，只求理解其中精华，并不着眼于一字一句的解释，每当对书中意旨有所领会的时候，就高兴得忘记了吃饭。他生性嗜^{shì}酒，但因为家里穷，不能经常得到。亲戚朋友知道他这种情况，有时就摆了酒叫他来喝。他一来就要喝得尽兴，所期望是一醉方休，等到喝醉了就告辞回家，从不拘泥于去留。他简陋的居室里只有空空荡荡的四面墙壁，不能遮蔽风雨和阳光；粗布短衣上面打了许多补丁，锅瓢碗盏经常是空的，可是他安然自得。他经常写文章来消遣时光，文章中很能表达出自己的志趣。他忘记了世俗的得失，愿意就这样直到老死。

　　赞语说：黔娄^{qián lóu}曾经说过：不为贫贱而忧心忡^{chōng}忡，不为富贵而奔波劳碌。他说的就是五柳先生这样的一类人吧？一边喝酒一边赋诗，以娱悦自己的心志，他是无怀氏时候的人呢，还是葛天氏时候的人呢？

原文欣赏

　　先生不知何许人也，亦不详其姓字。宅边有五柳树，因以为号焉。闲静少言，不慕荣利。好读书，不求甚解，每有会意，便欣然忘食。性嗜酒，家贫不能常得。亲旧知其如此，或置酒而招之。造饮辄尽，期在必醉，既醉而退，曾不吝情去留。环堵萧然，不蔽风日。短褐^{hè}穿结①，箪^{dān}②瓢屡空，晏如③也。尝著文章自娱，颇示己志。忘怀得失，以此自终。

　　赞曰：黔娄④有言：不戚戚于贫贱，不汲汲⑤于富贵。其言兹若人之俦^{chóu}⑥乎？衔觞赋诗，以乐其志，无怀氏之民欤^{yú}？葛天氏之民欤⑦？

注释

① 短褐：粗布短衣。结：打结。② 箪：古代盛饭的圆形竹器。③ 晏如：安然自得。④ 黔娄：春秋时鲁国高士，他不求仕进，屡次拒绝诸侯邀请。⑤ 汲汲：急于得到，急切的样子。⑥ 俦：类。⑦ 无怀氏、葛天氏：传说中的上古氏族首领，据说他们的时代民风淳朴。

思维导图

写作技巧

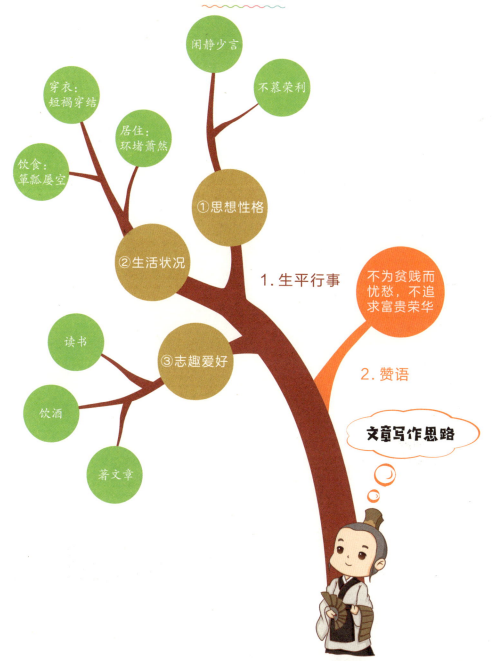

闲静少言

不慕荣利

穿衣：短褐穿结

居住：环堵萧然

饮食：箪瓢屡空

①思想性格

②生活状况

读书

③志趣爱好

饮酒

著文章

1. 生平行事

不为贫贱而忧愁，不追求富贵荣华

2. 赞语

文章写作思路

33

王勃

　　王勃，字子安，绛州龙门（今山西稷山）人。出身望族，祖父王通为隋末大儒。王勃自幼聪颖，七岁就能著文。高宗麟德三年（666）应举及第，曾任虢州参军，后往海南探父，溺水受惊而死，年仅二十七岁。"初唐四杰"之一，擅长五言律诗和骈体文赋。

滕王阁序

　　南昌是旧时豫章郡的管理部门所在地，现在称洪都府。它处在翼、轸(zhěn)二星的分野，所处地域与庐山和衡山相接。它以三江做衣领，以五湖环绕做衣带，是楚地的中枢(shū)，更连接着闽(mǐn)越。这个地方汇聚了万物的精华，上天的瑰宝，在此地发掘的宝剑的光芒直冲到了牛、斗二星之间；可以说是人中多俊杰，大地有灵秀，徐孺(rú)子就曾经使太守陈蕃(fān)为他特设卧榻。雄伟的州城在烟雾中若隐若现，杰出的人才像流星一样来往飞驰。洪州城坐落在荆楚和华夏交接的地方，宾客和主人都是东南一带的俊杰。声名远播的阎都督，打着仪仗远道而来；德行美好的新州宇文刺史，乘着车驾到此地暂做停留。此时正逢十日的休假，才华出众的友人们云集于此；相隔千里的客人前来相聚，大家欢欢喜喜坐满宴席。蛟龙腾跃，凤凰飞舞，那是文坛领袖孟学士文章的轻灵美妙；紫电剑急如雷霆，清霜剑寒气逼人，那是王将军的精湛武艺。家父到交趾 zhǐ（位于今越南北部）出任县令，曾经路过这个地方；我一个小孩子懂得什么，竟也亲遇了这样盛大的宴会。

眼下正值九月，从季节的顺序上说已经是深秋了。雨后的积水已随夏天的过去而消失殆尽，清澈的潭水在秋光中略显寒

冷；烟光雾气的凝结中，晚山笼罩在一片苍茫紫色当中。我在大道旁收拾起车马，在崇山峻岭中遍访风景，来到滕王的长洲之上，瞻拜了他主持修建的这座阁楼。重叠的山峦托起一片苍翠，高高的山峰向上直指云霄。凌空架起的高阁仿佛将朱红的油彩溶散到了风中，高高在上更觉遗世独立而看不见地面。仙鹤栖宿的平滩和野鸭聚集的小洲，极尽岛屿曲折回环的景致；桂树与木兰建成的宫殿，高高低低地呈现出山峦起伏的态势。打开精美的阁门，俯瞰（kàn）华丽的屋脊，辽阔的山原充满视野，迂回的湖河让人瞠目。屋廊房舍错落重叠的，是钟鸣鼎食的权贵人家；船帆舟舸（gě）密布纵横，都装饰着青雀黄龙的船首。彩虹退尽，雨过天晴，夕阳将云朵映得缤纷绚烂，落霞与孤飞的野鸭一齐翱翔，秋水与无边的天空浑然一色。渔舟唱晚而归，歌声响遍鄱（pó）阳湖畔；雁阵因寒而叫，叫声消失在衡阳水边。

放声长吟，登高俯视十分畅快，豪情雅兴迅速升腾。洞箫发出的声音，引来阵阵清风；轻柔舒缓的歌声仿佛凝住不散，白云也为它停留。像睢（suī）园竹林的饮宴，狂饮的气概压过了陶渊明；像邺（yè）水曹植咏荷花那样的才气，文采可以和谢灵运媲（pì）美。良辰、美景、赏心、乐事，四件美事同时齐备，贤主、嘉宾，两种难得的人欢聚一堂。放眼远望长空，在闲暇的日子里尽情欢乐。天高地远，感到宇宙的无穷无尽；兴尽悲来，认识到事物的兴衰成败有所定数。远望长安在夕阳下，遥看吴越在云海间。地势倾斜，直到南海岸；天柱高耸，直指北极星。关山难以越过，谁能怜惜失意之人？萍水相逢，都是他乡来客。思念皇帝的宫阙却不能看见，像贾谊那样在宣室奉召，将要等到何年？

唉！时运不济，命途多有坎坷。冯唐容易衰老，李广终难封侯。贾谊被贬到长沙，其时并非没有圣明的君主；梁鸿到海边隐居，岂是没碰到政治清明的时代？所依赖的是君子能够安于贫贱，通达的人能够知道自己的命运。年纪虽老，志气应当更为旺盛，谁能理解白头都不曾改变的心思？处境艰难意志却更加坚定，决不放弃远大崇高的理想。喝了贪泉的水，仍然觉得心清气爽；处在干涸的车辙中，还能保持乐观豁达的心情。北海虽然遥远，乘着旋风仍可以到达；少年的时光虽然已经流逝，珍惜将来的岁月还不算太晚。孟尝品行高洁，却空怀着一腔报国的热情；阮(ruǎn)籍狂放不羁，又怎能效法他那样在无路可走时便恸(tòng)哭而返！

我王勃，只是腰带三尺的小官，一介书生而已。没有门路请缨报国，现在已和终军的年龄相同；有投笔从戎的志向，也仰慕宗悫(què)"乘风破浪"的壮心。舍弃一生的功名富贵，到万里之外去早晚侍奉双亲。不敢说是谢玄那样的人才，却也从小交从于诸位名家。即将要到父亲跟前，恭敬地聆听他的教诲；今天奉陪各位，高兴得像鲤鱼跳上了龙门。司马相如倘若没有遇上杨得意，只好拍着他的赋而叹息；我今天遇上了钟子期那样的知音，奏一曲高山流水又有什么羞愧呢？

唉！名胜不能长存，盛宴难以再逢。兰亭的聚会已经成了过去，繁华的金谷园也成了废墟。离别时写几句话作纪念，有幸蒙受恩惠而参加了这次宴会；登高作赋，只能期望在座的诸公了。冒昧地用尽鄙陋的诚心，恭敬地写下了这篇小序；每人都要赋诗一首，四韵八句成篇：滕王高阁坐落在江边，佩玉声动，鸾铃鸣响，这里宴散人空。早晨，南浦的云霞飞上画栋；晚上，西山的风雨卷起了珠帘。闲走的浮云，潭中的倒影，都在阳光静静的照射下悠然自在；星移斗转，世事变迁，这其中又不知道流过了多少时间。当年盖起这座高阁的龙子龙孙今日却在哪里？只有这栏杆下的江水空自长流。

原文欣赏

豫章故郡，洪都新府。星分翼、轸，地接衡、庐。襟①三江而带五湖，控蛮荆而引瓯越②。物华天宝，龙光③射牛斗之墟；人杰地灵，徐孺下陈蕃之榻。雄州雾列，俊彩星驰。台隍枕夷夏之交，宾主尽东南之美。都督阎公之雅望④，棨戟⑤遥临；宇文新州之懿⑥范，襜帷暂驻。十旬休暇，胜友如云，千里逢迎，高朋满座。腾蛟起凤，孟学士之词宗，紫电青霜，王将军之武库。家君作宰，路出名区，童子何知，躬逢胜饯。

时维九月，序属三秋。潦水尽而寒潭清，烟光凝而暮山紫。俨骖𬴂于上路，访风景于崇阿，临帝子之长洲，得仙人之旧馆。层峦耸翠，上出重霄，飞阁流丹，下临无地。鹤汀凫渚，穷岛屿之萦回；桂殿兰宫，列冈峦之体势。披绣闼⑦，俯雕甍⑧，山原旷其盈视，川泽盱其骇瞩⑨。闾阎扑地⑩，钟鸣鼎食之家；舸舰迷津，青雀黄龙之轴。虹销雨霁⑪，彩彻云衢⑫。落霞与孤鹜⑬齐飞，秋水共长天一色。渔舟唱晚，响穷彭蠡⑭之滨，雁阵惊寒，声断衡阳之浦⑮。

遥吟俯畅，逸兴遄^⑯飞，爽籁发而清风生，纤歌凝而白云遏^⑰。睢园绿竹，气凌彭泽^⑱之樽；邺水朱华，光照临川^⑲之笔。四美俱，二难并。穷睇眄^⑳于中天，极娱游于暇日。天高地迥^㉑，觉宇宙之无穷；兴尽悲来，识盈虚之有数。望长安于日下，指吴会于云间。地势极而南溟^㉒深，天柱高而北辰远。关山难越，谁悲失路之人？萍水相逢，尽是他乡之客。怀帝阍^㉓而不见，奉宣室^㉔以何年？

呜乎！时运不齐，命途多舛^㉕。冯唐易老，李广难封。屈贾谊于长沙，非无圣主；窜梁鸿于海曲，岂乏明时？所赖君子安贫，达人知命。老当益壮，宁知白首之心？穷且益坚，不坠青云之志。酌贪泉而觉爽，处涸辙以犹欢。北海虽赊^㉖，扶摇可接；东隅^㉗已逝，桑榆^㉘非晚。孟尝高洁，空怀报国之心；阮籍猖狂，岂效穷途之哭？

勃，三尺微命，一介书生。无路请缨，等终军之弱冠^㉙；有怀投笔，慕宗悫^㉚之长风。舍簪笏于百龄^㉛，奉晨昏^㉜于万里。非谢家之宝树，接孟氏之芳邻。他日趋庭，叨陪鲤对^㉝，今晨捧袂^㉞，喜托龙门。杨意不逢，抚凌云而自惜，钟期既遇，奏《流水》以何惭？

呜呼！胜地不常，盛筵难再。兰亭已矣，梓泽^㉟丘墟。临别赠言，幸承恩于伟饯；登高作赋，是所望于群公。敢竭鄙诚，恭疏短引^㊱，一言均赋，四韵俱成。滕王高阁临江渚，佩玉鸣鸾^㊲罢歌舞。画栋朝飞南浦云，珠帘暮卷西山雨。闲云潭影日悠悠，物换星移几度秋。阁中帝子今何在？槛外长江空自流。

注释

① 襟：衣领。② 蛮荆：指楚地。引：连接。③ 龙光：宝剑的光芒。④ 雅望：崇高的声望。⑤ 棨戟：有衣套的戟，古代官员外出时的仪仗。⑥ 懿：美好。⑦ 闼：门。⑧ 甍：屋脊。⑨ 盱：睁大眼睛。骇瞩：对所看到的景物感到吃惊。⑩ 闾阎：里巷的门，此指房屋。扑地：遍地。⑪ 霁：雨雪停止。⑫ 衢：原意是四通八达的道路。⑬ 鹜：野鸭。⑭ 彭蠡：即鄱阳湖。⑮ 衡阳之浦：传说大雁向南飞到衡阳的回雁峰就不再南行。⑯ 遄：快，迅速。⑰ 睢园：汉梁孝王在睢水边修建的竹园，他常与宾客在园中宴饮。⑱ 彭泽：指陶渊明，他曾任过彭泽令，性嗜酒。⑲ 临川：指南朝诗人谢灵运。⑳ 睇眄：斜视。㉑ 迥：远。㉒ 南溟：南海。㉓ 帝阍：皇宫的大门，这里指京城。㉔ 宣室：古代帝王的大室。㉕ 舛：不幸。㉖ 赊：远。㉗ 东隅：早晨。㉘ 桑榆：夕阳的余晖照在桑榆树梢上，指黄昏。㉙ 弱冠：二十岁。㉚ 宗悫：南朝宋的将军，他的叔父曾问他志向，他回答说："愿乘长风破万里浪。"㉛ 百龄：百年。㉜ 奉晨昏：指早晚向父母请安。㉝ 叨：惭愧。鲤对：孔子曾在儿子孔鲤走过庭前的时候对他进行教育，后人于是称回答长辈的教诲为"鲤对"。㉞ 袂：衣袖。㉟ 梓泽：又名金谷园，西晋石崇修建，极尽奢华。㊱ 疏：撰写。引：序言。㊲ 鸣鸾：车上的鸾铃声。

刘禹锡

　　刘禹锡，字梦得，洛阳人。德宗贞元九年（793）中进士，登博学宏词科。顺宗时任屯田员外郎，参与"永贞革新"，不久失败，被贬为朗州司马，迁连州刺史。后因裴度力荐，任太子宾客。武宗初，加检校礼部尚书衔。世称"刘宾客""刘尚书"。以诗文著称，与柳宗元齐名，并称"刘柳"，晚年与白居易并称"刘白"。其文主要是散体古文，善于说理叙事。有《刘梦得文集》。

陋室铭

　　山不在高，有仙人居住就能出名；水不在深，有龙潜藏就能降福显灵。这是间简陋的屋子，好在我有美好的德行。绿色的苔藓滋生到了台阶上面，芳草把帘内映得碧青。在这里谈笑的是饱学多识的学者，相往来的没有无知识的俗人。在这里可以弹奏素朴无华的古琴，阅读金色字迹的佛经；没有世俗的音乐扰乱两耳，没有官府公文劳累身形。它如同南阳诸葛亮的茅庐，好似西蜀扬子云的草玄亭。孔子说："有什么简陋的呢？"

原文欣赏

山不在高，有仙则名。水不在深，有龙则灵。斯是陋室，唯吾德馨。苔痕上阶绿，草色入帘青。谈笑有鸿儒，往来无白丁。可以调素琴，阅金经①。无丝竹之乱耳，无案牍②之劳形。南阳诸葛庐，西蜀子云③亭。孔子云：何陋之有？

注释

①金经：指佛经（佛经用泥金书写）。②案牍：指官府的文书。③子云：西汉辞赋家扬雄，字子云。

写作技巧

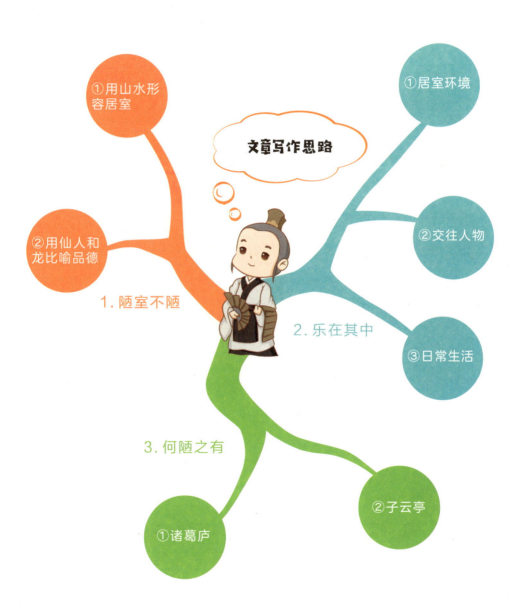

文章写作思路

1. 陋室不陋
①用山水形容居室
②用仙人和龙比喻品德

2. 乐在其中
①居室环境
②交往人物
③日常生活

3. 何陋之有
①诸葛庐
②子云亭

杜牧

杜牧，字牧之，京兆万年（今陕西西安）人，祖居长安下杜樊乡（今陕西长安东南），世称"杜樊川"。文宗大和二年（828）中进士，登贤良方正能直言极谏科，授弘文馆校书郎。曾为淮南节度使牛僧孺的幕僚。历任黄州、池州、睦州诸州刺史。后入为司勋员外郎，官至中书舍人。晚唐杰出的诗人与散文家，与李商隐齐名，时号"小李杜"。有《樊川文集》传世。

阿房宫赋

六国覆灭，天下统一。蜀山中的树木被砍光了，阿房(ē páng)宫建成了。它覆盖了三百多里的地面，几乎遮蔽了天日。从骊山北面建起，折向西面的咸阳。渭水和樊川清波荡漾，缓缓流进了宫墙。五步一座高楼，十步一座亭阁，长廊如腰带，回环萦绕，屋檐高挑，像鸟嘴一样向上啄起，亭台楼阁各依地势，向心交错。盘盘绕绕，曲曲折折，像蜂房那样密集，像水涡那样起伏，巍峨耸立，不知道它们有几千万个院落。那长桥横卧在水面上，没有云聚风起，却怎么像有蛟龙飞腾？那阁道架在半空中，并非雨过天晴，却怎么像有长虹横空？亭榭池苑(yuàn)高低错落，使人辨不清南北东西。楼台上歌声响起，让人感到春天里的融融暖意；大殿里舞袖挥动，带起一片风雨凄迷。同一天内，同一宫中，气候冷暖竟截然不同。

　　那六国的妃嫔^{pín}姬妾、王子皇孙，辞别了故国的楼阁宫殿，乘着辇^{niǎn}车来到秦国。日夜歌唱弹琴，成为秦皇的宫人。宫苑中星光闪烁啊，那是美人们打开了梳妆的明镜，又看见绿云纷纷，那是她们对镜晨妆时散开的秀发。渭水上泛起了油腻啊，那是妆成后泼下的脂水；烟雾弥漫啊，是她们焚烧的椒兰。雷霆声忽然震天响起，原来是皇帝的车辇从这里经过；辘辘

的车轮声渐行渐远了，不知道它驶向何方。这时候，每一种身姿，每一份容颜，都要费尽心思地显示出姣好，表现出妩媚；她们久久地伫(zhù)立着，眺望着，希望皇帝能驾临。有的人三十六年未得见皇帝一面。燕国、赵国的收藏，韩国、魏国的珍宝，齐国、楚国的精品，都是多少年、多少代靠搜刮本国的百姓而聚敛起来的，可谓是堆积如山。一朝国家灭亡，不能再占有，便都被运到了阿房宫中。神鼎当成铁锅，宝玉当成石头，黄金当成土块，珍珠视为沙砾（lì），随处丢弃，遍地可见。秦人看着，也不觉得很可惜。

唉！一个人心之所向，也正是千万人心之所向啊。秦始皇喜欢豪华奢侈，可百姓也眷（juàn）念着自己的家呀。为什么搜刮财宝的时候连一分一厘也不放过，挥霍起来却把它当成泥沙毫不珍惜呢？使得支撑宫梁的柱子，比田里的农夫还多；架在屋梁上的椽（chuán）子，比织机上的织女还多；钉头闪闪，比粮仓的谷粒还多；长长短短的瓦缝，比百姓遮体的丝缕还多；栏杆纵横，比天下的城池还多；管弦齐鸣的嘈杂声，比集市的人声还要喧闹。使天下的人虽然口不敢言，心中却充满了愤怒；使独断专行、天下唯我的暴君之心日益骄横顽固。终于有一天几个被征发戍（shù）边的士卒振臂一呼，函谷关便应声陷落，项羽的一把大火，可惜啊，那豪华的宫殿就变成了一片焦土！

唉！消灭六国的是六国自己，不是秦国；使秦国覆灭的同样是秦人自己，不是天下的人。唉！假如六国的国君能各自爱护自己的百姓，就足以抵抗秦国；如果秦能爱惜六国的百姓，那就可以传位到三世，以至传到万世而永为君王，谁能够使它覆灭呢？秦人来不及哀叹自己的灭亡，而后人为他们哀叹；如果后人哀叹它却不引以为戒，那么就要让更后来的人来哀叹后人了。

原文欣赏
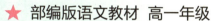

六王毕，四海一，蜀山兀^{wù}①，阿房出。覆压三百余里，隔离天日。骊山北构而西折，直走咸阳。二川溶溶，流入宫墙。五步一楼，十步一阁；廊腰缦^{màn}回，檐牙高啄；各抱地势，钩心斗角。盘盘焉，囷^{qūn}囷②焉，蜂房水涡，矗不知其几千万落。长桥卧波，未云何龙？复道③行空，不霁何虹？高低冥迷，不知西东。歌台暖响，春光融融；舞殿冷袖，风雨凄凄。一日之内，一宫之间，而气候不齐。

妃嫔媵嫱^{yìng qiáng}④，王子皇孙，辞楼下殿，辇来于秦。朝歌夜弦，为秦宫人。明星荧荧，开妆镜也；绿云扰扰，梳晓鬟^{huán}也。渭流涨腻，弃脂水也；烟斜雾横，焚椒兰也。雷霆乍惊，宫车过也；辘辘远听，杳不知其所之也。一肌一容，尽态极妍，缦立⑤远视，而望幸焉。有不见者，三十六年。燕赵之收藏，韩魏之经营，齐楚之精英，几世几年，剽掠其人，倚叠如山。一旦不能有，输来其间。鼎铛^{chēng}⑥玉石，金块珠砾，弃掷逦迤^{lǐ yǐ}⑦，秦人视之，亦不甚惜。

　　嗟乎！一人之心，千万人之心也。秦爱纷奢，人亦念其家。奈何取之尽锱铢[8]（zī zhū），用之如泥沙？使负栋之柱，多于南亩之农夫；架梁之椽，多于机上之工女；钉头磷磷[9]，多于在庾（yǔ）之粟粒；瓦缝参差，多于周身之帛缕；直栏横槛，多于九土之城郭；管弦呕哑，多于市人之言语。使天下之人，不敢言而敢怒。独夫之心，日益骄固。戍卒叫，函谷举，楚人一炬，可怜焦土！

　　呜呼！灭六国者六国也，非秦也；族秦者秦也，非天下也。嗟夫！使六国各爱其人，则足以拒秦。使秦复爱六国之人，则递三世可至万世而为君，谁得而族灭也？秦人不暇自哀，而后人哀之；后人哀之而不鉴之，亦使后人而复哀后人也。

注释

①兀：光秃。②囷囷：曲折回旋。③复道：楼阁之间以木架设的通道。④媵：陪嫁的人。嫱：古代宫廷里的女官名。⑤缦立：长久地站立。⑥铛：一种平底浅锅。⑦逦迤：连续不断。⑧锱铢：古时的重量单位。六铢等于一锱，四锱等于一两。⑨磷磷：有棱角的样子。

思维导图

写作技巧

文章写作思路

1. 铺排描写

① 第一段铺叙阿房宫建筑宏伟、豪华

② 第二段铺叙统治者生活的荒淫奢靡

2. 议论开掘

① 第三段指出秦必亡之命运

② 最后一段讽谏唐敬宗勿蹈秦始皇覆辙

图书在版编目（CIP）数据

藏在古文观止里的那些事儿 : 思维导图彩绘版 . ⑥ ,
晋文 / 新新世纪编 . -- 五家渠 : 新疆生产建设兵团出
版社 , 2022.3

ISBN 978-7-5574-1782-6

Ⅰ . ①藏… Ⅱ . ①新… Ⅲ . ①古典散文－散文集－中
国②《古文观止》－青少年读物 Ⅳ . ① H194.1-49

中国版本图书馆 CIP 数据核字（2022）第 032735 号

责任编辑 : 吴秋明

藏在古文观止里的那些事儿 : 思维导图彩绘版 . ⑥ , 晋文

出版发行	新疆生产建设兵团出版社
地 址	新疆五家渠市迎宾路 619 号
邮 编	831300
电 话	0994-5677185
发 行	0994-5677116
传 真	0994-5677519
印 刷	三河市双升印务有限公司
开 本	710 毫米 × 1000 毫米 1/16
印 张	35
字 数	30 千字
版 次	2022 年 3 月第 1 版
印 次	2022 年 4 月第 1 次印刷
书 号	ISBN 978-7-5574-1782-6
定 价	198.00 元